AF229230

LETTRE

DE M. H. DEVAUX,

ANCIEN DÉPUTÉ DU CHER,

à MM. les Electeurs,

SUR LE VOTE DE L'ADRESSE DU 16 MARS 1830.

LETTRE

DE M. H. DEVAUX,

ANCIEN DÉPUTÉ DU CHER,

à MM. les Électeurs,

SUR LE VOTE DE L'ADRESSE DU 16 MARS 1830.

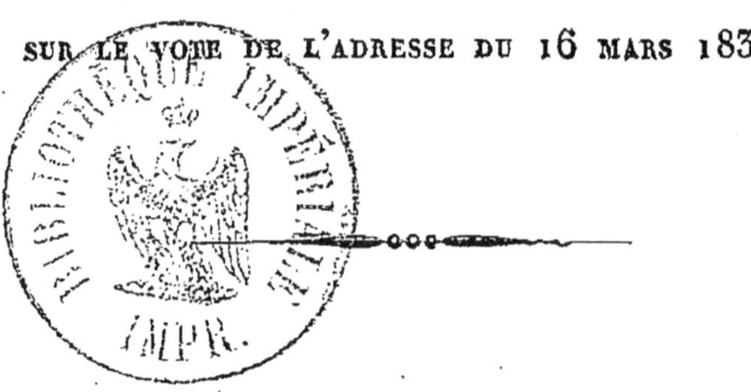

La chambre des députés est dissoute. Cet acte de la prérogative royale a besoin d'être bien compris par les électeurs, pour que le renouvellement intégral s'opère avec sagesse dans les choix, avec énergie dans la pensée qui les inspire, avec unité de vues dans le but de l'élection.

La majorité de la chambre élective est accusée d'avoir voté une adresse au Roi, insolente dans ses expressions, et factieuse dans ses intentions. Par qui est-elle ainsi accusée ? Par la contre-révolution. On la reconnaît à ses organes habituels.

J'ai fait partie des 221. Je crois l'honneur incompatible avec les idées d'insolence envers le Roi, et de faction envers la patrie, et je considère comme un honneur d'avoir voté l'adresse; car il y en a toujours dans le courage civil qui accomplit un devoir pénible.

L'accusation n'est qu'un piége tendu par la contre-révolution au patriotisme des électeurs; l'adresse du 16 mars 1830 n'est ni insolente, ni factieuse; mais la contre-révolution est toujours la même, implacable ennemie des intérêts et des droits consacrés par la Charte; elle aspire à conquérir la Chambre élective pour tourner la législation contre le peuple, comme on prend une citadelle pour en diriger l'artillerie contre la population qu'elle domine de toutes parts.

Comment croire que 221 députés disséminés, depuis le 8 août 1829, sans pouvoir s'entendre, sur le vaste territoire de la France, se soient trouvés subitement d'accord, à l'ouverture de la session du 2 mars 1830, pour faire une injure à la dignité royale, attenter à ses prérogatives, et mettre ainsi en péril les destinées constitutionnelles du pays.

L'invraisemblance d'une telle coalition s'accroît, en considérant comment l'adresse a été votée. Le secret de sa rédaction est resté enseveli dans le sein d'une commission, qui ne l'a fait connaître à l'assemblée que le 15 mars, et la discussion a été terminée le lendemain par l'adoption du projet : est-ce en 24 heures qu'un esprit de faction aurait envahi une majorité composée de nuances très-variées d'opinions politiques, sans que, sur 221 votans, un seul ait averti les autres qu'ils manquaient même au simple sentiment des convenances dans l'expression de leur pensée !

L'adresse, moralement inexplicable, comme résultat d'un concert anarchique contre la puissance royale, est un événement tout naturel comme expression sincère d'un sentiment unanime parmi les 221 votans : on n'a nul besoin de se concerter pour approuver un discours interprète fidèle de la pensée et du cœur. Le secret d'une telle unanimité est dans la nature de l'homme, dans la sympathie entre celui qui parle et celui qui écoute, quand l'un ne fait que révéler à l'autre ses sentimens les plus intimes.

Telle est l'explication naturelle du succès de l'adresse proposée par une commission qui représentait la majorité dans ses nuances politiques les plus délicates et qui la fit adopter avec la même unanimité qu'elle l'avait rédigée.

Jamais, depuis la restauration, aucune chambre élective, on peut même dire qu'à aucune époque chez quelque peuple libre que ce soit, aucune assemblée législative n'exprima au prince une affection plus sincère, un dévouement plus respectueux, des intentions plus touchantes de le *seconder* dans la carrière du bien public : les expressions de l'adresse sont elles-mêmes la plus solennelle justification des sentimens et de l'esprit qui l'ont inspirée.

L'accusation d'insolence et de faction est donc une calomnie. Aussi la contre-révolution dénoncée au Roi par cette adresse a-t-elle éprouvé le besoin d'en fausser le texte, en supposant frauduleusement que la chambre élective avait refusé son concours au Roi : le texte des phrases incriminées répond victorieusement à ce fallacieux commentaire.

« Cependant, Sire, au milieu des sentimens unani-
» mes de respect et d'affection dont votre peuple vous
» entoure, il se manifeste dans les esprits une *vive in-*
» *quiétude* qui trouble la sécurité dont la France avait
» commencé à jouir, altère les sources de sa prospé-
» rité, et pourrait, si elle se prolongeait, devenir fu-
» neste à son repos : notre conscience, *notre honneur*,
» la fidélité que nous vous avons jurée *et que nous vous*
» *garderons toujours*, nous imposent le devoir de
» vous en dévoiler la cause.

» Sire, la Charte que nous devons à la sagesse de
» votre *auguste* prédécesseur (1), et dont V. M. a la
» ferme volonté de consolider le bienfait, consacre,
» comme un droit, l'intervention du pays dans la
» délibération des intérêts publics : cette interven-
» tion devait être, elle est en effet directe, sage-
» ment mesurée, circonscrite dans des limites exacte-
» ment tracées, et que *nous ne souffrirons jamais que*

---

(1) Le texte de la commission portait : votre prédécesseur. Un de
221 fit ajouter le mot auguste, comme plus respectueux, tant on était
dominé par le sentiment des convenances.

(5)

» *l'on ose tenter de franchir,* mais elle est positive dans
» son résultat, car elle fait, du concours permanent
» des vues politiques de votre gouvernement avec les
» vœux de votre peuple, la condition indispensable de
» la marche régulière des affaires publiques : Sire,
» notre loyauté, notre dévouement *nous condamnent*
» *à vous dire que ce concours n'existe pas.* »

Révéler au Roi que le concours des vues politiques
du gouvernement avec les vœux du peuple n'existait
pas, ce n'était certainement pas refuser le concours de
la Chambre au Roi : c'était lui dénoncer la marche
politique du ministère comme contraire aux vœux du
peuple, et loin d'exprimer l'idée de se séparer du prince,
c'était invoquer sa sagesse et son amour pour ses
peuples contre le ministère qui n'accomplissait pas ses
royales intentions.

Mais pourquoi le concours *des vues politiques* du
ministère avec *les vœux du peuple* n'existait-il pas ?
L'adresse en donne les raisons qui retombent toutes
entières sur le ministère, sans atteindre ni directe-
ment ni indirectement le monarque.

« Une injuste défiance des sentimens et de la raison
« de la France, est aujourd'hui *la pensée fondamen-*
» *tale de l'administration.* Votre peuple s'en afflige,
» parce qu'elle est injurieuse pour lui, il s'en inquiète,
» parce qu'elle est menaçante pour ses libertés.

» *Cette défiance ne saurait approcher de votre noble*

» *cœur*. Non, Sire, la France ne veut pas plus de l'a-
» narchie que vous ne voulez du despotisme ; elle est
» digne que vous ayez foi dans sa loyauté, comme elle
» a foi dans vos promesses.

» Entre ceux qui méconnaissent une nation si cal-
» me, si fidèle, et nous qui, avec une confection
» profonde, venons déposer, dans votre sein, les dou-
» leurs de tout un peuple jaloux de la confiance de
» son Roi, *que la haute sagesse* de V. M. prononce :
» ses royales prérogatives ont placé dans ses mains les
» moyens d'assurer, entre les pouvoirs de l'état, cette
» harmonie constitutionnelle, première et nécessaire
» condition de la force du trône et de la grandeur de
» la France. »

L'adresse n'est en réalité qu'une dénonciation du
ministère au Roi comme antipathique avec le peuple.

Le ministère était dénoncé comme *méconnaissant*
les sentimens de fidélité de la nation, comme adop-
tant pour *principe fondamental* de *son administration, une injuste défiance* de *la raison de la France :*
Mais dans la même adresse, la même chambre dé-
clarait à S. M. « qu'elle s'associerait aux mesures que
» le Roi lui proposerait pour fixer, en l'améliorant,
» le sort des militaires en retraite ; qu'elle examine-
» rait attentivement les lois qui lui seraient présentées
» sur l'ordre judiciaire, sur l'administration, sur
» l'amortissement et que lui annonçait le discours
» d'ouverture de la session. »

Le concours de la Chambre était ainsi offert très-formellement, bien loin d'être refusé au Roi : l'adresse tendait à séparer le Roi de son ministère, par une dénonciation des intentions malveillantes de celui-ci contre le pays.

Toute l'habileté du parti contre-révolutionnaire a été employée pour travestir l'adresse en acte d'opposition à la royauté elle-même.

Le mécanisme de notre constitution a pourvu, par des moyens bien simples, au désaccord des deux chambres avec le ministère. Existe-t-il entre les pairs et les ministres ? la prérogative royale renvoye le ministère, ou change la majorité de la Chambre héréditaire, en y introduisant, à volonté, de nouveaux pairs : le conflit existe-t-il, entre le ministère et la chambre élective ? la même prérogative royale change le ministère ou dissout la Chambre, selon qu'elle juge que les princiqes du ministère ou ceux de la majorité de la chambre élective doivent l'emporter dans la direction des affaires publiques ; car la condition nécessaire du gouvernement représentatif est l'accord du ministère avec la majorité dans les deux chambres.

Le ministère dénoncé au Roi par la chambre des députés a tenté de persuader au Roi que l'adresse n'avait pas fidèlement exprimé les sentimens et les vœux du pays.

La dissolution est un appel du prince à l'opinion

électorale pour s'éclairer lui-même sur ce qu'il doit penser de la dénonciation portée par la chambre élective contre son ministère. C'est un procès entre le ministère et la chambre ; l'opinion électorale va donner son avis par la couleur de ses choix : les élections auront nécessairement une très-grande influence sur les destinées de la France constitutionnelle : si les suffrages électoraux sont pour les partisans du ministère, les 221 auront eu tort de le dénoncer au Roi ; ils ne seraient même pas absous de ce tort par leur conviction personnelle *sur les vues politiques* du ministère, parce que, parlant au nom de la France, ils n'auraient pas dû affirmer au prince « qu'elle éprouvait *une vive inquiétude qui troublait sa sécurité* et qu'elle *s'inquiétait d'une injuste défiance qui devenait menaçante pour ses libertés* : les 221 auraient erré en prenant leurs sentimens personnels pour ceux de la France.

Mais si l'adresse est conforme aux vœux et aux sentimens du pays, les électeurs trahiraient l'avenir de la France, en ne confirmant pas l'adresse par leurs suffrages : ils jeteraient un voile épaix entre le ministère et le pays que l'œil du prince ne pourrait percer.

Tel est le secret de cette lutte électorale prête à s'engager entre le parti politique du ministère et le parti politique de l'adresse. Le ministère cherche à conquérir les suffrages électoraux par tous les moyens qu'une grande influence administrative met à sa disposition : il pèse de tout son poids sur la conscience des fonctionnaires publics pour en extraire des votes favorables; il parle au nom sacré du Roi; il invoque le salut de la monarchie; il fait un appel à tous les sentimens de fidélité et d'attachement des Français à la maison régnante; il témoigne assez par tous ses efforts qu'il sent que sa vie politique dépend d'un triomphe électoral; car il n'est question dans cette lutte, ni du Roi, ni de la monarchie, ni de la maison régnante; tout cela est hors du débat électoral constitutionnel, comme tout cela était hors de cause dans la pensée de l'adresse. Il s'agit uniquement du ministère; la question est nettement posée, rien ne doit l'effacer dans les esprits. Toutes les subtilités tendantes à la déplacer doivent être écartées par le bon sens et par l'union des électeurs.

Si d'aussi graves intérêts que ceux de la monarchie et de la maison régnante pouvaient venir à la pensée électorale, ce serait pour en écarter tous les partisans de la contre-révolution; car la contre-révolution seule pourrait jeter de l'incertitude sur notre avenir, en mettant le gouvernement en opposition avec les droits et les intérêts consacrés par la Charte; plus sera nombreuse la majorité constitutionnelle des députés sortant du sein des colléges électoraux, plus sera vive et puissante la lumière qui éclairera le trône et le consolidera pour jamais, en l'établissant au milieu de la nation.

Si l'on demande pourquoi la chambre élective dénonçait un ministère qui se vantait de n'avoir manifesté, par aucun acte, son esprit d'hostilité envers le pays, qu'on relise l'adresse : elle accuse le ministère d'avoir adopté *pour pensée fondamentale de l'administration une injuste défiance des sentimens et de la raison de la France*, d'être la cause, par sa seule existence, *d'une inquiétude qui trouble la sécurité de la France.*

Ce n'est pas dans les actes de détails administratifs, que la conviction des députés a été puisée, ils l'ont dit eux-mêmes ; *c'est dans leur conscience, dans leur honneur, dans la fidélité jurée au Roi* qu'ils ont trouvé le devoir de lui révéler les causes de cette perturbation apportée dans les esprits par le ministère. Le premier devoir des députés n'est-il pas en effet de faire réfléchir sur le trône, toutes les lumières de l'esprit public ? Attendront-ils que le plan de la contre-révolution se soit mis en action et développé dans son ensemble, pour déposer dans le sens du monarque, du père de la patrie, *les douleurs de tout un peuple ?* Garderont-ils le silence jusqu'à ce que le mal irréparable de la désaffection ait pénétré dans les cœurs ? Se tairont-ils sur les sentimens pénibles qu'ils partagent avec le peuple qu'ils représentent jusqu'à ce que l'irritation des esprits devienne menaçante ? Non, sans doute, et plus ils aimeront le prince, plus ils se hâteront de l'éclairer ; ils ne redouteront ni la disgrâce momentannée que peut encourir l'expression fidèle et courageuse d'une vérité méconnue, ni les calomnies du parti politique qui s'interpose entre le prince et le pays, ni la perte de leur existence politique par la dissolution : ils savent et ils avoueront même solennel-

lement *que la loyauté* et *le dévouement les condamnent*
à tous les sacrifices exigés par le devoir de manifester
au prince une vérité toujours salutaire pour le trône,
quand elle est utile au pays.

C'est avec le pouvoir discrétionnaire et avec la pureté de conscience du jury, que les 221 députés, atten-
tifs à toutes les impressions qu'avait fait subir à la
société le ministère du 8 août, ont reporté au Roi,
après sept mois d'observation, *avec les sentimens una-*
nimes de respect et d'affection dont son peuple l'en-
toure, cette vive inquiétude qui troublait la sécurité
de la France.

Ont-ils eu besoin de chercher ailleurs que dans
leur propre conscience les preuves morales de cette
perturbation des esprits qu'ils dénonçaient au prince
avec douleur, mais avec confiance, dans *sa haute*
sagesse ?

Que les électeurs fassent la même épreuve sur leur
conscience, et l'adresse sera justifiée par la conformité
de leurs sentimens avec ceux qu'elle exprime ; qu'ils
interrogent leurs propres et récens souvenirs ; ils en
recevront des preuves invincibles de cette situation
pénible de l'opinion publique, si bien décrite dans
l'adresse.

A l'apparition inattendue du ministère du 8 août,
les esprits ont éprouvé une violente commotion : il
est possible de varier dans l'explication de ce phéno-

mène ; il ne l'est pas d'en contester l'existence. C'était de joie et d'espérance chez les uns, de tristesse et d'inquiétude chez les autres : l'impression, quoique différente, n'en était pas moins universelle.

Les 221 se sont trouvés isolément soumis à l'impression d'inquiétude et de tristesse. Ils ont été en majorité dans la chambre élective pour s'en plaindre au Roi. Ceux qui ont éprouvé les mêmes sentimens sont-ils en majorité dans la nation ? En vérité, c'est là toute la question de justification pour l'adresse, et c'est aux électeurs à la résoudre, puisque ce sont les seuls suffrages que le Roi interroge dans l'état actuel de nos institutions.

Mais, étaient-ce donc quelques hommes, inopinément parvenus au pouvoir, qui pouvaient alarmer une grande nation sur ses destinées, dont le cours heureux est tracé par la Charte et garanti surtout par les inviolables sermens de Reims ? Que sont quelques hommes devant tout un peuple ? Et que peuvent leurs efforts contre l'inébranlable fidélité d'un grand roi à ses promesses ? La raison publique ne doit-elle pas triompher seule de ces alarmes attachées à quelques noms ?

Malheureusement les noms représentent souvent plus que des individus ; ils peuvent être aussi l'exacte expression d'un système politique qui a toujours eu la puissance, depuis la restauration, d'inquiéter les esprits ; ce n'est pas un système caché dans la métaphysique des théories insensibles aux masses ; mais un système matérialisé par ses actes, qui a combattu par les armés, par les conspirations, par toutes les influences dont il a pu disposer au-dedans et au dehors de la France, tous les intérêts populaires de 1789 à 1829, sans vouloir se reposer dans la Charte, contre laquelle il protesta dès son origine, et qu'il assiége sans cesse par des commentaires insidieux destinés à faire confisquer à son profit l'œuvre de la sagesse de Louis XVIII.

Ce système, odieux à la nation sous le titre de contre-révolution, s'est vanté, dès son apparition au pouvoir, d'arrêter le cours de nos améliorations sociales promises par les deux précédens discours de la couronne, à l'ouverture des sessions de 1828 et de 1829. Il s'est proclamé provisoirement stationnaire, le visage tourné vers le passé, avec l'anarchique ambition de commander, même militairement, au besoin un mouvement rétrograde à un grand peuple qui marchait victorieux, depuis quarante ans, à la conquête de toutes les richesses de la civilisation progressive.

L'opinion publique a été profondément imbue des vues politiques de la contre-révolution parvenue au pouvoir ; elle a senti sa présence aux affaires publiques, comme on sent l'air malfaisant qu'on respire : les parties politiques ont un infaillible instinct pour se reconnaître. D'ailleurs, les écrivains prédicateurs habituels des doctrines de la contre-révolution com-

blaient de leurs éloges le minsitère du 8 août, révé-
laient les espérances qu'ils en concevaient, et en rece-
vaient en échange une visible protection contre les
plus imprudens écarts dans l'émission de leurs pen-
sées.

La liberté de la presse, la loi électorale étaient con-
tinuellement menacées d'une prompte et nécessaire
destruction.

La Charte devait tomber elle-même devant le même
pouvoir constituant qui l'avait créée.

Tous les publicistes de la contre-révolution se ran-
gèrent en bataille devant les réalités de notre ordre
social. La chambre élective était la principale de ces
réalités par la pureté de son origine électorale de 1827,
qui l'avait constituée l'image sincère du pays; elle fut
sans cesse accusée d'avoir voté la loi qui exclut la
fraude des élections ; l'accusation fesait indubitable-
ment connaître ainsi qu'elle atteignait le gouvernement représentatif dans sa base, qui est la sincérité
des élections.

Les menaces de prorogation et de dissolution furent
lancées contre la chambre élective bien long-temps
avant l'adresse, comme si la contre-révolution eût été
dépositaire des prérogatives royales.

Pour la première fois la pensée du refus de l'impôt
illégal envahit l'opinion publique et le vote négatif

du budget, devint l'objet d'une ardente polémique, qui, jusqu'au ministère du 8 août, s'était abstenue de soulever ces graves et alarmantes questions.

D'honorables citoyens inscrivirent leur inquiétude dans des contrats d'associations.

Dès sa naissance, le ministère du 8 août avait tenté vainement de décorer des lauriers de Navarin son enseigne politique : un nom illustré par une gloire récente avait refusé de se laisser exiler dans cette nomenclature anti-nationale de la contre-révolution.

Des conseillers d'état, des maîtres des requêtes, des préfets, de hauts fonctionnaires, avaient puisé dans leur ancien attachement à la monarchie et à la famille royale le principe de leur refus de s'associer aux travaux d'un ministère qui compromettait ces deux grands objets de leur affection et de leur dévouement.

Le discours du trône, à l'ouverture de la session de 1830, avait signalé lui-même l'agitation des esprits sous les noms *de perfides insinuations à repousser* et *de coupables manœuvres qui pouvaient susciter des obstacles au gouvernement du Roi.*

Ainsi provoquée par le discours de la couronne à lui révéler ce que, d'ailleurs, elle devait spontanément lui manifester, la chambre, placée sous l'empire de tant de circonstances lumineuses, a reporté au ministère du 8 août, la cause de ces graves inquiétudes qui étaient montées du peuple au trône.

L'adresse ne dénonçait pas des hommes, mais un système politique dont les personnes n'étaient que le signe indélébile : le ministère du 8 août a subi bien des variations dans son personnel, avant et depuis l'adresse du 16 mars. Pourquoi l'inquiétude ne s'est-elle pas calmée en voyant disparaître successivement presque tout le personnel du 8 août ? Parce que la conviction générale continue d'être la même sur la présence du même système politique. Si la Chambre s'est trompée, pourquoi l'inquiétude publique est-elle encore plus vive après sa dissolution ? C'est que le caractère des personnes chargées de réaliser le système, n'a d'influence sur l'opinion que comme signe de modération ou de violence dans l'emploi des moyens de faire triompher le système.

La Chambre pouvait ou s'expliquer moins franchement ou prendre une autre voie pour éclairer le prince.

Le premier parti fut proposé par des hommes respectables qui pensaient devoir exprimer la même pensée avec des formes oratoires moins explicites ; mais la faiblesse du premier parti pouvait conduire à la fâcheuse nécessité d'adopter le second, c'est-à-dire, le refus du budget à un ministère qui ne paraissait pas mériter d'être dépositaire de la fortune publique.

Cette haute prérogative clairement écrite dans l'article 48 de la Charte, est ce qui constitue le pouvoir réel de la chambre élective, sans cela, ELLE N'EST RIEN : c'est *en tenant les cordons de la bourse* que la Chambre contraint le ministère à se mettre en harmonie de principes avec la majorité des députés qui, elle-même, quand les élections sont franches et loyales, est toujours en accord avec la majorité de la France, de sorte qu'en définitive l'accord du ministère avec la majorité de la chambre élective, n'est que l'accord de l'action du gouvernement avec le vœu de la nation.

Mais plus il y a de puissance coercitive dans le vote négatif du budget, plus est nécessaire la circonspection dans l'emploi de ce remède extrême en ce qu'il paraît suspendre les forces vitales du gouvernement qui sont dans les finances.

L'adresse au Roi était une voie plus douce, plus conciliante, moins interruptive du cours ordinaire des affaires publiques ; mais l'adresse ne pouvait avoir d'efficacité que par une parole aussi franche que respectueuse, aussi énergique dans la dénonciation du ministère au Roi, que dans l'expression des sentimens d'amour et de vénération qu'il inspire au peuple. L'adresse séparait tellement le ministère d'avec le Roi, qu'on ne croyait pas à la possibilité de l'interpréter de manière à en induire que la Chambre eût la pensée de refuser son concours au Roi.

La Chambre n'ignorait pas qu'elle s'exposait à per-

dre son existence politique, en dénonçant un ministère qui, pour se venger, conseillerait probablement
au Roi la dissolution. Mais elle en fesait le sacrifice
pour éclairer le Roi, et elle évitait le refus du budget
qui n'était, au fond, qu'une autre manière de dénoncer au Roi le ministère.

Le même devoir de dire la vérité au Roi par leurs
suffrages est imposé aux électeurs : ils accompliront
avec courage et patriotisme ce devoir, s'ils sentent
bien que le gouvernement représentatif est dans une
de ces crises qui influent pour long-temps sur la des-
tinée d'un peuple.

Toutes les nuances d'opinions constitutionnelles
sont intéressées à se réunir, pour constituer, par leurs
suffrages, une imposante majorité dans la chambre
des députés. Plus nombreuse elle sera, plus sera vive
la lumière qui, partie du sein des colléges électoraux,
éclairera le trône ; l'esprit contre-révolutionnaire qui
prétend dominer l'avenir, disparaîtra devant l'esprit
constitutionnel fortement prononcé dans la chambre
élective. La direction des affaires publiques prendra
de la fixité. On cessera de remettre annuellement en
question tous les principes consacrés par la Charte :
les institutions se consolideront par l'immuabilité des
principes qui leur servent de base, et se compléteront
par l'accomplissement de cette loyale et paternelle in-
tention exprimée dans les discours du trône, *de met-*
tre notre législation en harmonie avec la Charte ; et

d'assurer aux communes et aux départemens une juste part dans la gestion de leurs intérêts.

Les fonctionnaires publics amovibles recouvreront une dignité morale si gravement compromise par cette servitude dont ils rougissent en public, et dont ils s'indignent en secret de porter dans l'urne du scrutin un bulletin de suffrage destitué du libre arbitre qui seul constitue la dignité de l'homme. Libérés de cette servitude, on les verra, avec plaisir, concourir aux fonctions de députés, où les appellent leurs lumières et leurs expériences, et d'où les écarte cette servilité de suffrages qui leur est imposée, et les empêche de *discuter et de voter librement les lois*, comme l'exige l'art. 18 de la Charte.

Le gouvernement représentatif est le pire des gouvernemens, quand il est corrompu dans son principe qui est l'élection, ou le choix des représentans. Tout y devient mensonge sous les couleurs de la vérité, tout y devient oppressif sous les apparences de la liberté ; on y invoque inutilement les vertus personnelles du prince, en disant : *Si le Roi savait ;* le Roi ne sait plus rien de vrai, puisque l'organe créé à la vérité ne profère plus que des erreurs.

La puissance législative y devient capable de tous les excès destructeurs des libertés publiques ; en effet, la législation embrasse l'homme dans toutes ses actions et pèse sur tous ses intérêts. C'est alors, comme le dit un prophète, qu'il *pleut des filets*, et il n'est pas de pires filets que les filets des lois qui vous enlacent captieusement et tyranniquement de toutes parts : les âges, les conditions, les états de la vie civile, rien n'échappe à leur action.

Un électeur se dit à lui-même : Que m'importe l'élection d'un député, ou au moins le choix de tel député? Irai-je me mettre en opposition, par mon suffrage, avec une administration qui possède tant de moyens de me nuire? J'ai des intérêts à défendre devant elle; elle me lésera dans ses décisions. Je veux ouvrir une carrière à mes enfans; elle me la fermera. J'ai une humble fonction publique à exercer, et dont les émolumens sont nécessaires à mon aisance; je la perdrai par révocation; n'est-il pas plus sage au moins de m'abstenir, s'il est trop dangereux d'émettre un libre suffrage; qu'il attende, il ne tardera peut-être pas à recevoir le juste prix de sa faiblesse. Sa voix a manqué à l'élection d'un député défenseur des intérêts généraux; un suffrage manque aussi à la majorité constitutionnelle pour repousser de mauvaises lois.

En voici une qui détruit l'égalité dans les partages, qui réserve certains biens, selon leur origine, à tel ordre de parens exclusivement appelés à les recueillir. L'électeur pusillanime, dans l'émission libre de son suffrage, perd, par droit d'aînesse, un tiers ou un quart de la succession de son père ou de son beau-père, ou la totalité des biens d'un oncle ou d'un cousin, dévolus comme propres d'origine à un autre ordre d'héritiers.

En voici une autre qui frappe l'industrie de certaines taxes spéciales, ou qui rétablit les corporations, les maîtrises et les jurandes, si éloquemment dénoncées à l'opinion publique par le beau préambule de l'édit de 1776; l'électeur voit disparaître la source de sa prospérité industrielle.

En voici une troisième qui établit de nouvelles conditions pour l'admissibilité à certaines fonctions, ou même à certains états, c'est un privilége accordé à certaines classes; l'électeur n'y peut plus prétendre pour ses enfans, et son expectative est perdue.

La législation peut ainsi reconstruire, pièce à pièce, tout l'édifice de l'ancien régime sous d'autres formes, et c'est à quoi la contre-révolution aspire; son nom seul suffit pour marquer son but.

La contre-révolution professe ouvertement, dans les mémoires qu'elle publie, depuis le ministère du 8 août, le plus profond mépris pour la classe intermédiaire, qu'elle veut exclure des colléges électoraux en concentrant le droit de suffrage dans une classe privilégiée de propriétaires, et en rendant l'électorat inamovible ou héréditaire. Elle demande aujourd'hui aux électeurs des députés qui les excluent eux-mêmes du droit de suffrage, dans le même esprit qu'elle leur refusait, en 1829, le droit de concourir à l'élection des conseils généraux de département : c'est toujours la même haine pour la classe intermédiaire : c'est toujours la querelle du *tiers état* qui continue sous d'autres formes. Quarante années de révolution et d'expérience ne l'ont pas terminée : il dépend de la puissance électorale d'y mettre fin en constituant dans la chambre élective une majorité nombreuse, fidèle au Roi, amie de la Charte, imbue de la nécessité de consolider nos institutions en leur donnant tout leur développement, et résolue à rendre le trône inébranlable, en enlevant des mains de la contre-révolution l'étendard royal, pour le fixer irrévocablement au milieu de la nation.

Bourges, imprimerie de M.me V.e Souchois et C.e